I0555361

MÅLA MED ORD – EN DIKTSAMLING

Cathy McGough

Stratford Living Publishing

Upphovsrätt Copyright © 2013 Cathy McGough
Alla rättigheter förbehållna.
Ursprungligen publicerad under titeln Måla med ord (25 dikter).
Denna uppdaterade diktsamling publicerades i juli 2024 (70 dikter).
Denna version publicerades i dovember 2025.
Ingen del av denna bok får reproduceras i någon form utan skriftligt
tillstånd från förlaget eller författaren, förutom i de fall som tillåts enligt
amerikansk upphovsrättslagstiftning utan föregående skriftligt tillstånd
från förlaget Stratford Living Publishing.
ISBN PAPERBACK: 978-1-997879-22-0
Cathy McGough har hävdat sin rätt enligt Copyright, Designs and Patents
Act, 1988 att identifieras som författare till detta verk.
Cover art powered by Canva Pro.
Detta är en fiktiv berättelse. Alla karaktärer och situationer är påhittade.
Likheter med levande eller avlidna personer är en ren tillfällighet. Namn,
karaktärer, platser och händelser är antingen författarens påhitt eller
används fiktivt.

Innehållsförteckning

Erkännande

Kära läsare,

Tack för att ni valt att läsa denna samling av mina dikter. Jag skrev min första dikt "The Beginning" när jag gick i High School. Poesi har alltid varit min första kärlek.

Tack också till mina föräldrar, som den här boken är tillägnad, och till min mormor som var poet i sin egen rätt.

Tack till mina kära vänner som omfamnade mina ordrika, nördiga ambitioner.

Och tack till alla som har hjälpt mig att sammanställa den här nya boken. Jag skulle inte ha klarat det utan er!

Och som alltid..,

TREVLIG LÄSNING!

Cathy

Tillägnelse

För mamma och pappa

SLOTT I LUFTEN

Jag bygger dig som ett torn

Och sedan stänger jag dig

Det finns för många fönster

Det är för långt ner till marken.

Du sitter på din piedestal

Och avvisar varje enskild kraft

För du ser mig som en skugga

Av din mors skilsmässa.

Och det kanske är mindre än kärlek

Och det kanske är mer än de flesta

Men det är något som växer sig starkare.

Jag läser dig som en bok

Dina sidor slås upp

Utan en blick eller ett ögonkast

Det verkar som om våra själar anförtror sig åt varandra

Och det kanske är mindre än kärlek

Och det kanske är mer än de flesta

Men det är något som växer sig djupare

Det kanske inte är den sortens kärlek

Som varar för evigt

Men jag föredrar att ha en del av kärleken

Hellre än att inte ha något överhuvudtaget.

DETTA FÖR ATT FÅ TILLBAKA DIG

Ansikten, som kommer och går i minnet

Minnen av stjärnor som har lysit

Öppningar och avslutningar

Trånga ensamheter

Vilka är dessa människor?

Ett barn dyker upp i ungdomens blom

Trycker ansiktet mot fönstret

Hon undrar vad som är sanningen

Hennes uppmärksamhet verkar vackla

När hon ser godiset omkring sig

Och undrar om det är gratis.

Barn, har inte din mamma sagt till dig

Att ingenting är gratis

Allt har ett pris

Alla har ett pris att betala.

Ansikten, drömmar från forna tider

Allt bleknar och formas till nya rim

När vi följer i fotspåren

Av våra avlidna hjältar

Söker efter ansikten

Som inte existerar

ARBETSDAG

Dyster inhägnad

Vadderad

Lila väggar

Inlåst

Fånge.

Försökte bli frigiven

På villkorlig frigivning

Men föll tillbaka

Innan jag kunde

Dra mig själv ut

På denna plats

Finns det maskiner

Som övertalar dig

Att arbeta

Som en maskin

Och när du vägrar

Krossar de dig

Du bryter ihop

"Lyssna tangentbord

Utan mig

Är du ingenting!

Ingenting, säger jag!

Kom ihåg det

Okej då. Okej."

Trådlös mus

Griper

Chansen

Att fly

Hoppar &

Plumpar ner i

Extra extra stor

Mugg med java.

Ångande

Strömmande

SKRIKER!

Liten eld

Oj!

BLÅ JAYS
OCH
KOOKABURRAS

Det spelar ingen roll om jag inte kan namnen på alla blommor

Det spelar ingen roll om jag inte kan namnen på alla fåglar

Att jag är ny på denna plats hindrar mig inte

Från att berömma den med både handlingar och ord.

Ibland känns det nästan som hemma för mig

Att vandra planlöst utan band till det förflutna

Andra dagar känns det som om denna ö är min själ

Och jag undrar om denna förälskelse kommer att bestå.

Sedan finns det dagar när jag känner mig som en förrädare

Längtar efter saker jag inte längre kan uppnå

Sedan en glimt av flaggan från mitt hemland

Lockar mig tillbaka igen.

Så vad är det, när man är född någonstans

Kan man någonsin helt lämna den platsen bakom sig?

Eller kan man älska det nya och älska det gamla

I sitt hjärta, liksom i sitt sinne?

Snart kommer bomullsliknande moln att skingras för min silverfärgade fågel

Min första kärlek väntar med öppna armar

Vita trilliumblommor kommer att överösa mig med sina doftande kyssar

När blåskrikor och kookaburror kolliderar.

ALLT UTOM KÄRLEK

Du gav mig blommor

Du gav mig godis

Men det räckte inte.

Du tog mig med på bilresor

Till exklusiva platser

Men det räckte inte.

Du gav mig allt

Du kunde komma på

Allt utom kärlek

Ja, allt utom kärlek.

Du berättade skämt

Du fick mig att skratta

Men det räckte inte.

Du gav mig tid

Du gav mig utrymme

Men det räckte inte.

Du gav mig allt

Du kunde tänka dig

Allt utom kärlek

Allt utom kärlek.

Hur länge jag väntade på en öm kyss

På ett tecken, ett frieri eller en ring

Men dag efter dag, år efter år

1 + 1 blev ingenting.

Du berättade skämt för mig

Du fick mig att skratta

Men det räckte inte.

Du gav mig tid

Du gav mig utrymme

Men det räckte inte.

Du gav mig allt

Du kunde tänka dig

När allt jag ville ha var din kärlek

Älskling, allt jag verkligen ville ha var din kärlek.

PERSONIFIKATION

Snurrar runt dig

Som en snurra

Hetsigt

Studsar från vägg till vägg

Självförstörande

Men plöjer vidare

Tar sig inte tid att tänka

Eller hämta andan

Väggarna byter position

Som scener från en hemvideo

Färgerna smälter samman

Springer vilt

Taket flyger över och under

Och smälter in med golvet

Som ett barn med ett kalejdoskop

Du ändrar ramen

Njut av min sång

Tills jag slappnar av

Och flyr genom taket

In i ett mer meningsfullt förhållande.

PAPPERSDOCKAN

Pappersdockan är intrasslad i vindens virvel

Tömd på känslor snurrar och snurrar hon

Runt och runt, som en ballerina

Blinkar tillbaka till livets misslyckanden och ånger.

Frantiskt försöker hon fly från dess grepp

I hennes öron viskar vinden våldtäkt.

Pappersdockan slits i stycken

Ett minne av vad som kunde ha varit.

Hon känner ingen smärta, för hon är bara ett barn

Hon känner ingenting.

Hör barnens rop när de vänder och vrider sig

I sina drömmar

Skydda dem från livets virvlar.

Spring, barn, spring

Det finns inga kedjor som binder er längre.

Skydda dem från livets virvlar.

DU VAKNAR MEDAN JAG SOVER

Du vaknar medan jag sover

Packa dina resväskor

Kyss mig på kinden

Du viskar mjukt "adjö"

Jag ser dig gå

Även om du aldrig kommer att få veta

För i dina ögon

Sover jag fridfullt

Vänder ryggen mot ditt tomma utrymme

Tårar, snyftningar, självömkan

Sömnen är välkommen.

Min själ söker din

De leker tafatt tillsammans

Vår kärlek är som den brukade vara

Jag är du. Du är jag.

Solen bringar morgonen

Jag sträcker mig mot din tomma plats

Jag omsluts av din omfamning

Kärleken förde dig tillbaka idag

Kärleken förde dig tillbaka för att stanna.

Du vaknar medan jag sover

Packar dina resväskor

Kysser mig på kinden

Du viskar mjukt "adjö"

Jag låser dörren. Jag spänner fast kedjan.

Denna scen kommer aldrig att upprepas.

MAT FÖR MUSE

Kom till mig, mitt vackra löv

Falla i mina väntande omfamna

Bada mig i din flödande färg

Fladdra till mig med grace.

Löv, de kallar dig själlös

Jag säger att detta är fel

För du dansar i harmoni

Medan vinden spelar din sång.

Nu tar jag dig i mina armar och gråter

Över blödningen från dina ådror

Färg som flyter in i färg: skönhet

Detta är dina kvarlevor.

Krispig, pratsam följeslagare

Kittlande skosulor

Höstlig inspiration:

Mat för musan.

GARDIN AV DIMMA

Genom den tjocka dimman

såg jag ett par marmorögon

som inte reflekterade någonting, de visslade

och gömde sig i sin förklädnad.

Stjärnorna föll som snö

i deras starka perception

fängslad av deras glöd

gick jag i deras riktning.

Känslofria och tomma var de

Sändande sin tysta stråle

Genom den ändlösa dimman såg jag

Månskenet hade börjat tina

Jag lyfte mina armar för att fånga sanningen

Domen kom, jag förlorade min ungdom.

Alla mina känslor tömdes

På morgonen återstod

Under den klara och gråblå himlen

Två par marmorögon.

SISTA DANSEN

Håller din bild i mina armar

Dansar tillsammans över golvet

Nästan som det kunde ha varit

Om du bara hade älskat mig mer

Nära nog att känna ditt hjärtslag

Virvlar tillsammans i ett imaginärt moln

Målar världen i en strålande glans

Viskar ditt namn högt.

Dansar, även om musiken har slutat

Med tårar rinnande nerför mina ansikte

För jag har sett vad som kunde ha varit

Och har förlorat det utan ett spår.

JAG KAN FLYGA

Stående vid kanten

Vindarna tjuter

Fladdrande ärmar

Alltid redo

Behöver

Soloflyg

Kjolarna fladdrar

Vänster fot bakåt

Höger fot framåt

Balanserad

Titta Änglar

Precis där

Kopparfärgat hår fladdrar

Läpparna smakar

Havssalt

Tar in allt

In

Vet

Vem jag är

Varför jag är här

Vingar

Fladdrande

Slag slag slag

Jag vet

Att jag måste

Sväva.

För

Jag lever på

Kanten

Av fantasin

Där fötterna

Inte längre längtar

Efter marken

Jag ser

Allt

Från ett unikt

Perspektiv

Jag är en poet

En författare

Och

Jag kan flyga.

PÅ YTAN

Spegel,

Du speglar mig med redundans

Över hela mig

Finns köttfärgad osäkerhet.

Spegel,

Du hånar perfektion

Med denna obegränsade reflektion

Och resultatet är alltid detsamma

I din ram: Jag förblir oförändrad.

Skrivet mellan raderna

Förklätt på ett poetiskt sätt

Oundvikliga drag

Flödar disharmoniskt.

Spegel: Jag håller fast vid det jag ser

För jag är du, genom och genom

Men ibland, reflektion

Önskar jag att jag liknade dig.

SÖT LITTEN SAK

Söt liten sak

Sitter prydligt

Hälsar alla som kommer in

Med största hjärtlighet.

Hon är den vackraste flickan

De någonsin sett

Med sina gyllene lockar

Och sina gröna ögon.

Hon är en porslinsdocka

Som fått liv

En dag kommer hon att bli

En underbar hustru.

Söt liten sak

Leer änglalik

Sjunger barnvisor

För sina föräldrars sällskap

Hon talar bara

När hon tilltalas

Hon tänker aldrig -

Har ingen anledning att

Hon är så vacker som en tavla

Skulle få Mona Lisa att blekna

Och detta barn av en kvinna

Spelar etikettspelet.

Söt liten sak

ifrågasätter aldrig

sina föräldrars anständighet

för allt hon någonsin varit

är en ängel

på deras julgran.

CRUCI-FIKTION

Din kropp är bunden

I form av ett kors

Du hänger där i förtvivlan

I all evighet.

De skulle ha lagat

Dina händer och fötter

Men spikarna var rostiga

Och stelkrampssprutor

Hade ännu inte uppfunnits.

De skulle ha läkt

Dina sidor

Men när de stod

Vid din sida och tittade

Genom det gapande hålet

utsikten över världen

genom din själ

var hisnande.

De skulle ha tagit bort

kronan

men blodfläckarna

föll ner över din panna

och bildade former

som delikata

rosblad.

Jag går från station till station

och kramar hårt

om det svarta radbandet

Det går sönder

och pärlorna rullar överallt:

under bänkarna

i gångarna.

Jag knäböjer

medan jag plockar upp varje litet

svart rosenblad

och samlar dem

i min hatt.

Utanför

fångar vinden dem

och lyfter dem

mot himlen

Svarta kråkor

svävar utom räckhåll

och släpper filtar

över de hemlösa

de troende

de icke-troende

och mig.

RESURRECTION

Driftar in i tomheten

Sprider sig som ett rykte

Bladet flyter nedströms

Spöklikt närvarande från en dröm.

Bladet krossat och brutet

Spolas upp på stranden

Överdraget av socker från sanden

Livlöst för alltid.

Bladet torkar och återföds

Lyft av en ängels andedräkt

Gabriel blåser i sitt horn

Bladet efter döden.

TEASERN

Han frågade mig och jag svarade "Jag kan inte".

Han frågade mig och jag svarade "Jag vill inte".

Han frågar mig varje dag. Han frågar mig varje kväll.

Han stannar kvar och hoppas att jag kanske en dag kommer att göra det.

Jag drar ut på tiden och bara jag vet varför.

Jag är inte maktgalen! Nej, inte jag!

För jag hatar att såra min kille.

Det är inte lätt att se en vuxen man gråta.

Jag skjuter upp det och bara jag vet varför.

Jag är inte maktgalen! Nej, det är inte jag!

För jag hatar att såra min pojkvän.

Det är inte lätt att se en vuxen man gråta.

En dag kommer jag att vara säker.

En dag kommer tiden att vara rätt.

Jag kommer att öppna mitt hjärta för honom

Och mörkret kommer att förvandlas till ljus.

Jag hoppas att all denna hemlighetsmakeri

inte kommer att förstöra vår framtid. Du förstår:

Det här förhalandet är inte bara en slump

Han är som Astaire och jag kan inte dansa.

BÖRJAN

(Den första dikten jag någonsin skrev)

Jag satt

Under ett täcke av mörker

Det fanns en dimma

Som bara inte ville lätta.

Kärleken

Hade blivit kall i ditt hjärta

Men när du berättade det för mig

Var jag för förvirrad

För att inse att du försökte berätta

Sanningen för mig.

Nu

Helt ensam

Vid skogens kant

Sjunger jag.

Min själ sträcker sig ut

Jag sjunger

Tills rösten ekar

Och jag minns

Att detta var "vår sång"

Och läkningen börjar.

VARFÖR JAG?

Refrängen spelas om och om igen
Och stör den inre harmonin
När fantasin med sin ogenerade charm
Skickar min kärlek i en annans armar.

Minnen krossade på marken
Röster dämpade av rynkade pannor
Viskningar, förvirring, men c'est la vie
Anpassning till livets lugna verklighet.

Åh, regnet är oändligt

Och vinden skickar för alltid

Sina empatiska budskap till mig.

I en osäker morgondag

Kommer dropparnas smattrande

Att genomborra mina öron med tystnad

Och tårarna kommer att lämna mig iskall

I slutet av regnbågen

Där jag hamstrar min kruka med guld.

TRÄDET

Hur många år

Hur länge, hur gammal?

Trädkirurger funderar,

Kunskapens knoppar vecklar ut

Griper efter morgondagen

Till skapelsens gud

Änglalika fingrar sträcker sig ut

I träets motivation.

Plantera och återplantera,

Skapa en vision trogen naturen

Genom vind och regn

De är monumentalt strukturerade.

Om gud någonsin skapade något som behöver kärlek

Måste det vara ett träd

För människor har bara två armar

Att längta, att röra, att be

Men träd har grenar, som växer ut ur grenar

Böjer sig för tomheten i livets Rondelay.

HIMLENS ÖGON

Det var i början

Innan tiden hoppade över ett slag

Ganska länge innan

Han kom in i min sömn.

Jag är säker på att du inte kommer ihåg

De sista orden han sa

Innan prästen

Förklarade att min älskade var död.

Min älskade talade om många änglar

Som kom för att hämta hans själ

Han gled in och ut

Och förlorade till slut kontrollen.

Jag knäböjde vid hans sida

och försökte desperat att inte gråta

men tårarna flödade

och så här sa han adjö:

"Inga fler tårar, inga fler tårar

Gud kommer för att hämta min själ

Jag kan se stjärnorna komma

närmare sängen.

De blinkar och glittrar

inne i mitt huvud

och min dröm

blir verklighet.

Jag är ämnad att lysa

och vägleda dig.

Önska dig något om mig

Önska dig något om mig."

Ikväll och varje kväll

Lyser en kedja av stjärnor upp min väg

Deras ögon förnyar min själ

När natten övergår i dag.

Min kärlek är en stjärna i himlen

Som driver i rymdens famn

Och en dag kommer vi att vara tillsammans

I en annan tid och på en annan plats.

SLUTFASEN

Ljuset skiner genom molnens yta

Det blå är klart i dina genomskinliga ögon

Regnskurarna kan inte förblinda denna himmelska omfamning

Tårarna kan inte fläcka detta kristalliserade ansikte.

Bär inte smärtan, stäng inte ditt sinne

Tårarna faller och förblindar mig

Men jag kan alltid hämta styrka från dig, från kärleken.

Om din ballong av misstag släpps fri från fångenskap

Skyll inte på ödet eller förutbestämmelsen

Att nå din bubbla kan få den att spricka

Att spränga din bubbla skulle vara ett ödesdigert misstag

För även molnen är avundsjuka på dem som är i kedjor

De är för fria, reser utan ordning.

Spåra fotografiet som skissats för barnet

Ödet söker upp de ödmjuka och milda

Fyll i de tomma ansiktena med några glömda fraser

Duplicera och fortsätt sedan.

SÅNG FRÅN HAVET

Det var lätt då

Att vandra

Planlöst

Utan bekymmer

Eller något

Som ifrågasatte din existens

Eller bröt din bubbla.

Men sedan

kom jag

Och allt omkring dig

verkade vara osant

och orättvist

Och du kände annorlunda

Och du försökte forma mig

så att jag

passade in i din värld

Men det gick inte

Det var för svårt

att hitta en väg

som höll oss tillsammans

när vi båda gick

på tunn is.

En kunde gå

En kunde stanna

Det var lätt då

innan du lät mig gå under

för tredje gången.

MÅLAREN
SOM
ALDRIG
SKULLE BLI

Färgerna ropade

Till honom

I natten

Artritisk

Ostadig

Gammal

Osäker

Han försökte

Förgäves

Att skapa

Ett mästerverk

Att leva vidare

Efter att han hade gått bort

Istället

Kolliderade världar

Havet och himlen flöt samman

Den leende damen grät

Klumpig

Snubblande

Halkande på

Palett

Färg

Kropp

En.

Pensel

Målare

En.

Solen steg

i fred och stillhet

När han gick

mot

Kanten

av berget.

Han flöt

av penseln

In i de öppna armarna

Av havet

Där han blev

Målaren som aldrig skulle bli.

VACKER SOLNEDGÅNG

Vacker solnedgång

Kommer ner för att hälsa på havet

Himmelske fader

Sträcker sig ut mot det fria

Levande bilder

Fångar evigheten

Färger dansar

Slingrande stigar

Vart de leder vet ingen

Snurrande moln

Begärda av vinden

Resonerande diamanter

Sjunger hela natten

Mörka silhuetter

Trädgårdens månsken

Alla är tystlåtna

Lugna och fridfulla

Detta är miraklet

Naturens mirakel.

Ögonblick går

Dagar går

År går

Och fortfarande drömmer du bort ditt liv

Varför måste du drömma

När naturen kallar dig att komma och leka?

POJKAR
MED
LEKSAKER

När världen faller sönder

Och vi alla letar efter ett svar

Lyssnar vi på pojkarna som hotar med sina leksaker

Leksaker som kan utplåna både mig och dig.

Jag står vid foten av den strömmande floden

Längtar efter en röst, en röst av sunt förnuft

Vindens armar omfamnar mig så hårt

När jag skälver av människans impotens.

Historien gav världen män och kvinnor

Ledare som använde pennor istället för svärd

Stora författare som inte var rädda för att säga vad de tyckte

Att skriva ner och dokumentera sanningen.

Dickens, Longfellow, Emerson & Thoreau,

De var fredsmäklare som talade för alla.

Var är dagens ledare, dagens poeter?

Det är till dem jag riktar denna uppmaning.

För världens ledare befinner sig i kris

Jag fruktar för framtiden – inte för mig själv, utan för min son

Vi behöver någon som står upp och tar kontroll

Istället för pojkar med stridsvagnar och vapen.

Vem är ni, dagens poeter?

Vem är ni? Var är ni, hör mina rop!

Tala nu eller tiga för alltid

Denna poet väntar ivrigt på era svar.

EN AV DE DÄR DAGARNA...

Har du någonsin haft en sådan dag?

Du vet, en sådan dag

När inga e-postmeddelanden kommer

Och du har svarat på alla från igår

Och du önskar att det kom vanlig post

Men brevlådan är tom

Förutom en reklamblad från Pizza Hut

Har du någonsin haft en sådan dag?

Du vet, de där dagarna

När det förflutna inte vill försvinna

Och inte heller frukosten

Lunchen eller middagen

Och du fortsätter att hoppas på att bli räddad

Men du är inte säker på från vad

Har du någonsin haft en sådan dag?

Du vet, en sådan dag

När en skata på klädstrecket

Tittar på dig, som en länge förlorad vän

Någon du träffat en gång, en ande i ditt liv

Som försöker förmedla ett budskap

Och du undrar vem som skickat det till dig

Har du någonsin haft en sådan dag?

Du vet, en sådan dag

När någon kör om dig i trafiken

Och du vill läxa upp dem

Men du bestämmer dig för att inte göra det eftersom livet är för kort

Dessutom kan det vara någon du känner

Bedrägeri lurar bakom de tonade rutorna

Har du någonsin haft en sådan dag?

Du vet, en sådan dag

När sidan förblir tom

Och din enda önskan är att fylla den

Men dina tankar är i oordning

Idag har jag en sådan dag

Har du någonsin haft en sådan dag?

KONSTEN ATT VARA FÖRÄLDER

Barn är en spegel av ditt liv.

Det de vet, det de lär sig, kommer från dig

Du oroar dig för din grund, det orsakar dig stridigheter

För allt dina föräldrar lärde dig var vad du INTE ska göra.

Kom ihåg att barn lever i varje ögonblick...

Klick-klick-klick går kamerorna i deras sinnen.

För dem är livet en godisbutik där dagarna tillbringas med att öppna förpackningar och göra alla möjliga val.

Gud ger föräldrar en tom duk: ett barn.

När du målar kommer villkorslös kärlek fram

och föräldraskapets regnbågsförbindelse – mellan dem och dig.

Livet är kort, din tid är väl använd

när du fulländar konsten att vara förälder.

ÅNGANDE

Min kärlek och mitt mirakel, min, bara min

Hur du har förändrat min tillvaro

Ditt liv och mitt liv, de är sammanflätade

Varje dag visar du din generositet

Fylld till brädden och ivrig att sätta igång

Jag trycker på dina knappar, det är min önskan

I 45 minuter, snabbt, snabbare, sedan långsamt

Ångan stiger, upp, upp, högre och högre

Du är tyst då, i all din prakt

För varje dag älskar jag dig mer och mer.

I hela världen är det dig jag föredrar

Det finns inget som en bra diskmaskin.

TIDENS ISKALLT HAND

Den iskalla handen

Av tiden

Stjäl sand

Från mitt barn.

Han sover nu

Lugnt

Oskyldigt

Fridfullt

Ibland

Vänder han sig mot mig

Och gråter

Eller stönar

Av smärta

I sömnen

Räcker han ut handen

Jag smeker

Vi rör inte varandra

Vi förenas

I anden.

Ofta

undrar jag

om han vet

att

timglaset

är fyllt

med hans

livsblod

och att det

rinner

dubbelt så fort.

Jag ber

att han en dag

ska komma hem

att jag en dag

ska kunna hålla

mitt barn

i mina armar

För tillfället

är denna glaskista

allt han känner till.

HÖSTENS SÅNG

Löven knastrar under mina fötter

Ett knäppande, knastrande ljud i mitt sinne

Stiger, faller – sulorna kysser marken

Minnen virvlar runt och runt.

Löven var doftande och muskiga

Vi staplade dem högt upp mot himlen – skyhögt –

En stadsflickas halm. Vi hoppade och skrek "Geronimo!"

De var mjuka som nyfallen snö.

Hösten tog oss i sina armar och höll oss kärleksfullt.

Säsongsbetonat. Vi var höstbarn.

Vi vaknade till liv – när löven började falla

Våra själar tolkade Moder Naturs kall.

Löven samlas vid min dörr och väntar

Mina systrar och bröder har kommit för att kalla

Höstens anda lyfter mig ur rullstolen

Vi dansar alla tillsammans i evighetens höstmarknad.

CIRKELN: EN TRILOGI

ETT MEDDELANDE TILL MITT OFÖDDA BARN

Barn, mitt barn

Skyddat från världen

Tryggt i min livmoder.

Barn, mitt barn

Blind och ovetande

Om världens undergång.

Barn, mitt barn

Du är jag.

Jag är din mor.

Barn, mitt barn
Jag är du.
Jag kommer att älska dig som ingen annan.

Barn, mitt barn
Fred. Be för fred.
Tiden kan inte läka alla sorger.

Mitt barn, mitt barn
Fred. Be för fred.
Du är hoppet för alla morgondagar.

Mitt barn, mitt barn
Hjärtat slår, lemmarna formas
Du är ofödd, den oskyldiga.

Mitt barn, mitt barn
Du är mitt hopp för framtiden
Du är framtiden, för alla.

CIRKELN: EN TRILOGI

GOD NATT, LILLA VÄN

Himlen är inte långt borta

Det är dit han har gått för att leka

Dansande på ett moln så lätt

Bländande alla när han flyger iväg

Den lilla anden som bodde i mig

Nu har hans själ blivit fri

Min livmoder är tom, han finns inte längre

Och ändå är jag inte som jag var förut.

Att se honom, livlös och fastbunden

Livets slut har bara börjat.

Jag ger upp, barnet är inte längre mitt

I himlen, evigt gudomligt.

CIRKELN: EN TRILOGI

små änglar

Shhhhhhh.

Lyssna.

Jag hör dem sjunga

Lyssna.

Hör du dem också?

Lyssna.

Deras röster

fyller mitt hjärta.

Det är så fullt

att jag är rädd

att det ska spricka

Inuti mig.

Lyssna.

Sluta med det du gör och

lyssna.

Lita på mig.

Han är där med dem.

Lyssna

med hela era hjärtan och själar.

Lyssna...

Shhhhhhhhhhh.

ÄKTENSKAPSBÖNEN

När fotot i ramen spricker

Och bröllopslöftena glöms bort

När bara minnena finns kvar

Och tårar av olycka gör dig blind

Då kanske du måste gå din väg

Vända ryggen åt allt du känner till

Kanske är det dags, du har försökt allt

Och ändå känner du dig tom.

Innan du går och packar dina väskor

PRATA med den du älskar, sträck ut handen

Öppna ditt hjärta, din själ för honom

Och kanske kan ni lösa allt

Alltför ofta ger vi upp och går vidare

När vi bara tror att vi har gjort vårt bästa

Om kärleken fanns där kan den växa igen

Även efter att den har tagit en kort paus

Nu försvarar jag inte att stanna kvar i ett förhållande med misshandel

I så fall måste du gå vidare mot andra horisonter

Men om du tror att din relation har ett syfte

Låt då ditt hjärta leda och följ efter

För världen är ensam och kall

Utan någon att dela den med

Och kom ihåg att du blir äldre

Och att någon bredvid dig bryr sig om dig.

Så börja om, ta fram romantiken från hyllan

Pust in liv i en relation som blivit stel

Du kommer inte ångra det, gör det för din egen skull!

Äkta kärlek kan aldrig någonsin misslyckas.

BELLE
IDEELLT

Skönhet lugnar aldrig

De som gråter

Skönhet värmer aldrig

Ett kallt farväl

När hjärtat blöder

Behöver egot matas

Och skönhet är inget alibi

För den lugnar aldrig

De som gråter

När du är kär

Finns skönhet överallt

När du inte är kär

Finns skönheten bara i förtvivlan.

FAR OCH SON

Fadern lär sonen att bli en man

Sonen lär fadern att bli ett barn igen

Tillsammans går de hand i hand

Att se dem är så storslaget för mig.

De två är magiska när de leker

Tittar på Thunderbirds på lördagar

Fadern oroar sig, kan han vara den man

Hans barn idealiserar, självklart kan han det.

För hans barn ser att han är stark och varm

Och kommer att skydda honom från allt skada

Skulle aldrig göra honom besviken

Fadern älskade honom långt innan han föddes.

Fadern lär sonen att bli en man

Så har det varit sedan tidernas begynnelse.

FLYKTIG

Och jag ska passera

Förbi dig som en bris

Och inte röra

Eller lämna några spår

Efter mig

Bara den söta doften

Av prästkragar och klöver.

GLÖM MIG INTE, BARN

Glöm mig inte, barn

Av det gyllene fältet

Låt dem falla

Och budskapet kommer att avslöjas

Använd inte dina kronblad

För att dölja tårarna

Skydda dig inte

Från deras förakt

För din skönhet är för stor

För att någonsin kunna döljas

Glöm mig inte, barn

Av det gyllene fältet.

HANDEN

Händer

Vi måste vårda

Händer

Att hålla

Att nå

För kalla

Att lära

Händer

Som rör sig över sidor

Över kroppar

Oskyldiga smekningar

Händer

Hållna

Brutna löften

Fingrar

Nu obundna

Lådor

Fyllda med

Trasiga cirklar

Händer

Vi måste vårda

Händer

Tomma

Händer

Rynkiga

Händer

Räcker ut

Händer

Idéer flödar

Från dessa händer

Alltid vårdade

Är händerna

Av en konstnär.

HAN ÄLSKAR MIG

HAN ÄLSKAR MIG INTE

En blomma växte

Den var vårlig och ny

Jag plockade blomman

För att se om vår kärlek var äkta

Jag plockade dess kronblad

Och slet sönder den

Medan bilden utvecklades

I mitt hoppfulla hjärta.

Där på det sammetslena gräset

Låg den döda blomman kvar

Och som hjärtans drottning

Jag Regnade.

IGNORAMISK

Jag förlorade dig i morgondagen

En gårdag som inte är förbi

Jag stängde mina ögon i sorg

Och innan en sekund hade gått

Försvann kärleken, och du med den

Jag hade aldrig trott

Att det kunde hända någon som mig

Det minsta du kunde ha gjort

Var att ta farväl på ett ordentligt sätt!

SÄTT PÅ ETT PLÅSTER

Jag satte ett plåster på ditt pussel

Efter att dina bitar spridits överallt

Jag var din livväst

När du välte i havet

Jag lappade ditt trasiga hjärta

Krossat bortom all räddning

Jag drog upp dig, lyfte dig

Från djupet av förtvivlan.

Nu gömmer jag mig i denna fantasiträdkoja

Söker efter vänlighet och vägledning

Frågar ingen, vem kommer att lappa mig?

Frågar luften, hur kan detta vara?

Jag gjorde dig till min mission, min goda gärning för dagen

Jag tog bort all din sorg

I gengäld slet du mitt hjärta itu

Nu känns det som om jag bär cementskor

Och jag är vilse i en överfull tomhet

Vandrar, söker efter det jag inte kan hitta

Frågar ingen, vem ska laga mig?

Frågar luften, hur kan detta vara?

Frågar, utan att någonsin få veta

Varför?

OM JAG KUNDE...

Om jag kunde

Vända tillbaka tiden

Skulle jag göra dig till min

För all evighet

Du var mitt paraply

På en regnig dag

När du log

Försvann alla mina bekymmer

Jag levde och andades

För dig.

Du viskade dina söta ord

Om kärlek till mitt hjärta

Och jag blev stark

Och speciell

Och fri

Allt för att

Du älskade mig

Och solen sken igenom

När jag blev ett med dig.

Men som en melodi

Din kärlek

Bleknade bort

Och allt som var kvar

Var den ständiga upprepningen

Av en låt som fortsätter spela

Om och om igen

Och inte släpper taget

Om ett sinne.

Om jag kunde vrida tillbaka

Tidens hjul

Skulle jag göra dig till min

För all evighet

För all

Evighet.

SPEGEL, SPEGEL

Spegel, spegel

På väggen

Kommer du att fånga mig

Om jag faller?

Spegel, spegel

Vad kommer du att göra

Om bitarna splittras

Och mörkret blir ditt?

Spegel, spegel

På väggen

Kan du berätta för mig varför

Min spegelbild är så liten?

ORGANGRINDARE

Krypande längs

Den dystra hallen

Ruttnande lila

Grymt grönt

Känner stanken

Av ruttnande kött

Mänskligt kött

Döende

Obscena.

Ser den gamla kvinnan

Straddling bedpan

Den unge mannen död

Ändå andas

I takt

Med ljudet

Av droppet.

Och genom kärleksbåten

Fönster

En man slaktas

Medan en apa

Hoppar på hans rygg

Och någon

Klädd i vitt

Kastar en enda mynt

I hans keps.

REFLEKTIONER
I LERA
PUDDLE

Hasselnötsgröna ögon

Narcissistisk syn

Av ett undervattenspalats

Tankfull

Men tom

Talar volymer

Om jag

Till mig

Reflektion

Liknar inte helt

Den som betraktar den.

Djupt inne

I det grumliga vattnet

Skyddat från

Fel, smärta

Och minnen

Förvandlar

Flytande trottoar

Till en grimas

Som återspeglar ett leende.

KEDJADE
TILLSAMMANS

Vatten faller

Från min mun

In i din hink

Rosblad

Har redan

Siktats

Smältningsprocessen

Delning nödvändig

Skäl

Samma

Installation av rädsla

Kommer före

Mottagandet

Av sanningsserumet

Dopritualerna

Verkar äntligen relevanta

Men den avvisande rösten

Kombination

Förenas och delar sedan

Separation oundviklig

Det verkar som om vi har varit

Kedjade

Tillsammans här

Under en livstid

Men du har bara just sagt ditt namn

Jag hör dig

Skrika

I natten

Men jag kan inte nå dig

Avgrunden är

Alltför stor.

TIDENS
TECKEN

Något gör mig galen

Det driver mig till vansinne

Något som är så outhärdligt

Att jag kanske till och med ger upp den här vännen.

Du förstår, han pratar oavbrutet

Han snackar på, dygnet runt

Det spelar ingen roll om vi är ensamma

Eller handlar på 7-11.

Överallt vi går händer det

Och hans uppmärksamhet avleds från mig

Han försvinner in i en annan värld

Och jag är med honom, men ändå ensam.

Jag vill hela tiden säga DET ÄR SLUT

Jag kan inte, jag orkar inte längre.

Du måste välja, vem blir det?

Det skulle vara jag som skulle gå ut genom dörren.

Du förstår, jag är ett grönt ögat monster

En svartsjuk bitch som förtjänar att vara ensam

Jag vet när jag är slagen, jag kan bara inte konkurrera

Med ringsignalen från hans mobiltelefon.

SVARET

Du bär en mask

Hela tiden

Jag kan inte se dig

Att förklä sig är inget brott

Mitt ensamma hjärta

Fortsätter att säga mig

Att du kan vara

Svaret.

Du bär en mask

Svart och blå

Du är vilse

I en halloweenfärg

Jag väntar

I förväntan

Du kan bara inte se

Att du kan vara

Svaret.

Om jag bad dig

Ta av den

För att visa mig

Vem som döljer sig bakom den?

Skulle du skratta?

Och håna mig

Medvetet om att

Jag måste vara ensam?

Jag står framför dig

Och vill lära känna dig

Ändå kan du inte se

Att du kan vara

Svaret.

SNÖFLAKETS DÖD

Snöflingan förvandlades till en tår

Den dog omedelbart

Den gav inte ifrån sig ett ljud

De faller från himlen

I form av stjärnor

Och kan inte överleva

När solen vaknar till liv.

Vatten, vatten överallt

Vi trampar på dem utan att bry oss

Ingenting var och ingenting kommer att bli

Sörj inte ödet eller destiny.

DET FÖRFLUTNA

Svävar som en gam

Över min axel

Flinar

Oändligt

Störtar

När det behövs

Ofta

Verkar vara

En vän

Sårbar

Jag är

Du är

En fiende

Sluta lura

Jag är inte redo

Lämna mig ifred

Drar mig

Ner

Släpp taget om

Det förflutna.

DET
OUTTALADE

Vacker soluppgång

I mitt hjärta

Färgspektrum

Magnifik konst

Mitt sinne vilar

På din axel

Bruna ögon på blå

Allt jag är

Jag är, för dig.

Vattenmelon-
damen

Jag var en fågel

En gång

Men jag tyckte inte om friheten

När jag såg hur långt

Jag kunde flyga

Utan att bli trött

I en flygplansstol

Längtade jag efter att vara en

Människa

De verkade

Starka och logiska

Och jag beundrade hur

De försökte

Förbättra sig själva

Medan jag snurrade i cirklar

Buren av vindbyarna

Och såg mina barn

Sväva ihjäl

På våren.

Och så blev jag

en

Vattenmelon-damen

som planterar och sår

plockar och säljer

sover

halva dagen

arbetar för en spottstyver

och ser mina barn

svälta hela året.

Jag var en fågel

en gång

och jag tyckte inte om

friheten

och nu är det

det jag vill vara

istället för en

Vattenmelon-damen

Ja, jag var en fågel

en gång

Men jag tyckte inte om

friheten.

Gräset är alltid grönare

Gräset är alltid grönare

Det är vad de alltid säger

Jag skulle hellre vara en fågel igen

Istället för att vara en Vattenmelon-damen

HJÄRTLÖS

Att ta dig

In i

Min

Handflata

Och låta ditt

Hjärta

Rulla genom mina

Fingrar som

Sand

Som blandas med

Andra avskyvärda saker

På stranden.

Att placera dig

I ett

Postpaket,

Försegla det och

Sedan skicka dig

Till något

Krigshärjat land

C.O.D.

Utan returadress.

Att ställa ut dig

I ett

Glas

Hölje

Och ta betalt

Per visning

Medan alla

Pekar med pinnar

På dig.

Sedan skulle jag

Rädda dig

Fånga ditt hjärta

Bara för att

Krossa det igen.

PASS-ÖVER

Som ett papper som brinner i elden

Som hat som förvandlas till begär

Som en flod utan anledning att tala sanning

Jag förlorade min ungdom.

Nu är jag gammal och grå

Min skönhet har rynkats bort

Och många drömmar har gått förlorade

Allt till ett pris.

Nu går jag ut i min trädgård

När en dal av violer lockar

Deras doft leder mig framåt

Naturen och jag har aldrig varit så starka.

När jag blickar upp mot himlen

Ser jag en regnbåge som bildar en hästsko

Runt omkring sjunger regndropparna

Det smaragdgröna gräset skimrar.

Min själ längtar utan ånger

Mot himlen som stål mot en magnet

Viskande fontäner verkar

Serenadera min resa: Söta drömmar.

TAGEN FÖR TIDIGT

(SKRIVET EFTER ATT HA HÖRT NYHETEN OM MORDET PÅ John Lennon)

Och när jag inte längre kunde stå

blev DINA BEN mina.

Och när jag inte längre kunde gråta

blev DINA TÅRAR mina.

Och när jag inte kunde hitta mig själv

blev DIN IDENTITET min.

Och när jag inte längre kunde tro

blev DITT SYFTE mitt.

Och när jag inte längre kunde tala

blev DINA ORD mina.

Och när jag inte längre kunde leva

blev DIN DÖD MIN.

VISKA

Viska, viska, jag viskar

Denna hemlighet är min, bara min

Bara jag kan få mitt hjärta att sjunga

Oavsett vilken vänlighet du visar

Min själ söker ett annat tecken

Viska, viska, jag viskar

Ibland är en läxa hjärtskärande

Ibland dras du in i ledet

Bara jag kan få mitt hjärta att sjunga

Kedjad av din gyllene ring

I din trygghetszon lutar du dig tillbaka

Viska, viska, jag viskar

Min själ vill sväva på gyllene vingar

Där uppe kommer världen att vara min

Bara jag kan få mitt hjärta att sjunga

Och ändå avslöjar jag ingenting

För det okända kan vara sublimt

Viska, viska, jag viskar

Bara jag kan få mitt hjärta att sjunga.

SCARAMOUCHE

Hans bild

Saknar substans

Är inramad

Av onödiga splitter

Från hans själ.

Fragment

Som en gång blödde

I en kamp

Ges nu fritt

Och speglar

Självförakt.

KÖR

Låt oss inte

Låta vinden

Blåsa omkull honom

Låt oss återuppbygga

Där verkligheten har

Öppnat slussportarna

Låt oss göra honom

Hel igen

Låt oss ge

Honom ett syfte.

Scaramouche avslöjas

Sanningen kan inte döljas.

KÖR

Låt oss inte

Låta vinden

Blåsa omkull honom

Låt oss bygga upp igen

Där verkligheten har

Öppnat slussportarna

Låt oss göra honom

Hel igen

Låt oss ge

Honom ett syfte.

GÅR LÄNGS STIGEN

Går längs stigen

Till Taj Mahal

Samhället byggde träd

Förberedde sig för fallet.

Kapell öppnade sina armar

För den nya världen i bön

De brukade söka ordet

Från en pålitlig sooth-sayer.

Sedan såg speglar ögonen

Som var för blinda för att se

Födelsen och ursprunget

Av kreativitet.

Idag målar en konstnär ett vattenfall

Och ingen frågar honom varför

För vi förstår att allt är

För en ande i skyn.

Det är det nya årtusendet

Där översättningar är fria

Vi delar våra liv online

Och skapar en falsk känsla av gemenskap.

Vi är alla födda medborgare

På en duvas vingar

Svaret har alltid varit vårt

I ett ord, det är kärlek.

BARRIÄR

Barriär som skiljer

Väggar som andas

Formaldehyddroppar

Förgiftar sinnen

Med småbitar

Frälsare

Kejsare

Av alla bullar

Barriär som skiljer.

Smält luften

Med ord

Av uppmuntran

Svampmoln

Är inte avsedda för mänsklig konsumtion

Varför bryta igenom

När du kan

Bryta ner?

Reflektioner från en

plågad prostituerad

Läser en bibeltext

Undersöker de återstående dagarna

I hans liv

Hörnare

Av universum

Ord flyger iväg

Som en fladdermus i dalen

Av döden

Fladdrande

Fångad av ett

Missförstånd

Felaktig framställning

Smält luften, smält.

Barriär

Som skiljer

Smält med

Uppmuntrande ord

Som delar en

En i samma.

Jag driver

Från en tanke till en annan

Det spelar ingen roll

Ingen vet

Och tiden är oändlig

Men glider iväg

Och ingenting blir gjort

Och minnena kedjar bara fast mig

I denna meningslöshet

Ännu mer.

Någon skriker

(eller är det jag?)

Säg åt dem att hålla käften

(varför skriker jag?)

En fågel sjunger

Vid mitt fönster

Jag fokuserar all min livsenergi

På den

Och när den flyger

Så flyger min ande

Ut i det oändliga blå

Som jag en gång

Tog för givet.

LITE MISFÖRSTÅND

Han kastade försiktigheten överbord

Ungdomarna drog tillbaka sina vapen

Mannen bakom disken skakade

Pojken lovade att han inte skulle skada någon.

Barnet flydde ut på gatan

Som ett ensamt moln på himlen

Han kände aldrig nederlagets smärta

Nu hörde han sirenerna gråt.

För en polis som just hade slutat sitt skift

Sköt honom i självförsvar

Han kvävde det i sin linda, modigt

Ytterligare ett dödsfall i våldets hav

Hans bricka glänste i solen

Det fanns ingen puls på pojken

Riddaren lyfte försiktigt vapnet

Det var bara ett barns leksak.

MACBETH

När du kommer ner från ditt berg

Till min dator vid havet

Kommer jag att vara en databehandlare; siffror.

Lyssna på mitt tangentbord

Som blockerar verkligheten

Klickande musik

Inget behov av identitet

Du hatade din chef

Du grep tillfället

Startade ett myteri

Nu sitter du

På hans tron

Skickar GIC:er

Till fattiglappar som får betalt

För att stämpla in punktligt

Vid havet

Du kommer att gå på jakt

Efter vad

Vet jag inte

Men när du hittar det

Vet du var jag kommer att vara

En databehandlare

Vid havet.

KANSKE

Kanske

Symfonin

Spelas

för högt

Tårar

Bildas

I mina ögon

Jag hör

En kör sjunga

I mitt sinne

Det finns en text

som sjungs

Men orden

har ännu inte

skrivits

Kanske

spelar min fantasi

mig

ett spratt

igen

Du

sjunger en serenad

för mig

med en

symfoni

Det finns inga ord

och ändå

efterklanger

orden

i mitt sinne.

SIPHON

En präst lyfter upp sin krage

För att dölja det som finns

En rakblad skär i kylan

För att tömma blödande handleder

En tiger kommer att kasta sig över hjärtat

och slita sönder samariten

Ingen sa att du var bra

Ingen sa till mig att du var det

Men du var jävligt bra

Det är jag helt säker på

Nu flyger du ut i rymden

Andas på glaset

Frosten förlamar ditt ansikte

Hjärnan amputerar det förflutna

Berätta för hela världen

För de vill veta

Berätta hur du sålde din själ

För gift i en spruta.

OBESVARADE BREV

Jag skrev till dig

För att solen sken

I detta regniga sinne

Närhelst jag mindes ditt leende.

Jag skrev till dig

För att jag saknade dig

Jag saknade ditt skratt

Och mest av allt din mjuka beröring.

Jag skrev till dig

för att du höll mitt hjärta

i din handflata

och jag trodde

att oavsett hur långt ifrån varandra vi var

skulle du alltid vara här med mig

och jag med dig.

Jag skrev till dig

och bad om evighet

men den var redan förbi

och breven smälte innan jag hann skicka dem.

Jag skrev aldrig till dig.

FJÄRIL

Monarkfjäril

Samlas i luften

Pausar ett ögonblick

Sedan lyfter den utan bekymmer.

Dess färger flyter fritt

Som färg på en duk

Dess vingar omfamnar himlen

I avslappnad lugn:

Skönhet i rörelse.

Dansar på en blomma

Med yttersta finess

Omedvetet visar den upp

Sin överlägsenhet

Fladdrande som en ballerina

Klättrar den mot himlen

Jag längtar efter att vara lika fri som

Monarkfjärilen.

UTVECKLING

Snöflingor som fladdrar in i takrännorna

Viskar meddelanden till resenärerna nedanför

Evergreen-kammar borstar bort flingorna

Täcker jorden med ett täcke av snö

Det var en mild kväll i slutet av december

En tid som jag helst inte vill minnas

När änglarna föll ner till denna jord

Sända av mästaren för att avgöra vårt värde

Renande bilder reflekterades i poolen

De gav mat och kläder till varje dåre

Vi dansade tills alla stjärnorna kom ner

Och träden ärvde en gyllene krona

Tiden flög, och fler drömmar vävdes

Änglarna målade leenden på alla

Tills allt värde glittrade och lyste

Glödande med kraften från ett himmelskt ljus

Vi sjöng högt, en kyrka, en sång

Och de icke-troende anslöt sig för att göra oss starka

När Herren samlade själarna, blev vissa inte kallade

De föddes in i naturen, och en ny värld utvecklades.

VÄRLDEN PÅ 60 SEKUNDER

((BEROR PÅ HUR SNABBT DU LÄSER)

Fot i mun

Tunga i sko

Satellit

TV också

Harry Potter

Välkommen tillbaka Kotter

Fångad i en tidsloop

Ingenstans att ta vägen

Tittar på dödskamp

Slag för slag

Hissmusik

Knarkare höga på crack

Rolling Stones

Kate Moss

Spikar Brian

På korset

Tåg kolliderar

Datorer kraschar

Högteknologi

Star Trek

Mun-mot-mun-metoden

Uppenbar diskriminering

Domare Judy

Leva för att arbeta

Tutti Fruity

Arbeta för att leva

För blind för att se

Måste se för att tro

Rappande kristendom

Avslöja oskuld

Teletubbies som vet

Sörja Seinfeld-serien

Blommor Blommor

Kensington Park

Jeanne d'Arc

Läppar som bränner

Tänder som ler

Barn födda

Från synd

Ozonskiktet

Drakdödare

T-Rex

Samma kön

Sex säljer

Prata i mobilen

Fläktande vingar

Flyga i skyn

Fånga vågor

Mickey D:s pommes frites

Wal-mart

Hjärtat till hjärtat

Gå på månen

Visa baken för främlingar

Ur stekpannan

Också sprang

Dansare dansar

Klädd i frihet

Ingen verkar märka

Förutom kejsaren och jag.

GOSPELAMER

Spindeln kröp mot

Den ljusblå himlen

Snurrande i ett molnigt nät

Som tog år att färdigställa

När han nästan var framme vid sitt mål

Den gamla och grånande spindeln

Utan att tänka igenom situationen

Försökte han väva ett bredare nät

Snurrande alldeles för slarvigt

För en i hans guldålder

Ängeln som kallades odödlighet

Noterade hans sida

Han var kedjad till spindelnätet

Ödet hotade hans mästerverk

Sedan regnade det mirakulöst

Och han gled till sin befrielse

Det regnade i fyrtio dagar och nätter

Det verkade inte finnas några spår eller märken

Bara en gammal och grånande spindel

Som spindlade sig fram till Noaks ark.

Om Cathy

Cathy McGough är en kanadensisk författare vars verk spänner över barnlitteratur, ungdomslitteratur, skönlitteratur, psykologiska thrillers, poesi, noveller och facklitteratur. Hon bor och skriver i Ontario, Kanada, tillsammans med sin familj.

Även av:

FIKTION

ALLAS VÅRT BARN

RIBBY'S HEMLIGHET

13 KORTA BERÄTTELSER

TRE VÄNNER BOK 1 OCH 2 VÄNTAR PÅ DEN RÄTTA

MED LEGENDARISKA FÖRFATTARE FRÅN ANDRA SIDAN (2:a plats bästa litterära referens 2016 Metamorph Publishing)

UNG VUXEN

E-Z DICKENS SUPERHJÄLTE BÖCKER 1 OCH 2

E-Z DICKENS SUPERHJÄLTE BOK 3

E-Z DICKENS SUPERHJÄLTE BOK 4

+ BARNBÖCKER

www.ingramcontent.com/pod-product-compliance
Lightning Source LLC
Chambersburg PA
CBHW051159120626
46547CB00012B/1123